DE LA FACILITÉ

POUR LA FRANCE

D'ACQUITTER LES DETTES

PROVENANT DES CONFISCATIONS.

IMPRIMERIE DE L.-É. HERHAN,
rue du Colombier, n° 21.

DE LA FACILITÉ

POUR LA FRANCE

D'ACQUITTER LES DETTES

PROVENANT DES CONFISCATIONS.

Exoriare aliquis.

PARIS.

CHEZ LES LIBRAIRES DU PALAIS ROYAL.

1824.

DE LA FACILITÉ

POUR LA FRANCE

D'ACQUITTER LES DETTES

PROVENANT DES CONFISCATIONS.

L'ÉLÉVATION progressive du cours des rentes et des autres fonds publics en France et dans toute l'Europe, est un phénomène qui doit frapper tous les esprits, et donner lieu à la discussion des questions les plus importantes pour le crédit public. Il n'y a pas encore dix ans que la France gémissait sous le poids d'une dette extérieure et d'une dette intérieure dont elle n'osait pas envisager la masse. Son Grand-Livre ne se montait qu'à 63 millions de rente, et le cours était à 5o. Des hommes courageux se sont rencontrés, qui ont dit à la tribune : *La France n'est faible que parce qu'elle manque de confiance en elle-même. Ses fonds ne sont dépréciés que parce qu'on ne lui croit ni la volonté, ni les moyens d'acquitter ses dettes. Elle doit : qu'elle manifeste la volonté de payer, et les moyens naîtront de cette volonté même. Qu'elle paye ; et bientôt ses fonds ne suffiront plus aux demandes de l'Europe entière, empressée d'apporter ses capitaux dans un pays dont la puissance est fondée sur l'industrie et la liberté.* Ces voix généreuses ont été entendues du Roi, qui a toujours cherché du bien à faire et des maux à réparer, de la nation qui a eu la conscience de sa force et de sa richesse. La dette de la France s'est élevée successivement à 197 millions, et ses fonds sont au-dessus du pair ; en sorte qu'en 1814 le Grand-Livre de France ne représentait au cours de 50 que 630 millions engagés dans les fonds publics de France, ou 945 millions en les calculant au cours de 75, qui peut être regardé comme le cours moyen des années précédentes, et qu'aujourd'hui ce même Grand-Livre représente près de 4 milliards qui reposent sur la garantie du crédit de la nation et sur la foi de ses promesses.

L'élévation du cours de la rente étant un signe certain de la baisse du taux de l'intérêt, l'idée de réduire la dette en convertissant les 5 % en 4 %, a dû naturellement se présenter. Cette conversion ne serait autre qu'un remboursement. L'Etat, assuré qu'il peut emprunter à 4 %, ou même à 3, dirait aux propriétaires d'inscriptions. Je vais vous rembourser le capital de votre inscription et vous pouvez placer ces capitaux dans les nouveaux fonds que je viens de créer. Quelques personnes ont douté que l'État eût le droit de faire cette opération. On a dit que la consolidation des 5 $\%$ obligeait à ne forcer personne à accepter son remboursement ; que celui qui achetait sur la place une rente de 1,000 fr., l'achetait à la condition de courir toutes les chances de hausse ou de baisse ; que, s'il a pu être contraint à perdre dans un moment de baisse, il doit pouvoir gagner lors de la hausse ; que la réduction du taux de l'intérêt doit profiter à tout le monde ; au contribuable, parce qu'il paie moins pour les emprunts que fait l'État, et au porteur d'inscriptions parce qu'il augmente son capital en vendant sa rente ; qu'enfin l'État a dans la caisse d'amortissement un moyen légal et convenu de remboursement ; que ce moyen, étant établi par la loi, en exclut tout autre, et que ce serait manquer à la foi promise que de chercher un moyen de libération plus prompt.

Il y a beaucoup de vérité dans ces objections, et elles ont cela de particulier qu'elles s'appuient sur une opinion universellement répandue. Or, comme le crédit repose surtout sur l'opinion, on courrait le risque, en blessant cette opinion, d'altérer le crédit et de produire un mal en voulant opérer un bien.

Il importe donc de rechercher quel est le contrat qui lie le Trésor royal avec les porteurs d'inscriptions, et d'examiner de bonne foi quelles obligations impose ce contrat et quelles modifications les circonstances ont pû y apporter.

Le décret qui ordonne la formation d'un Grand-Livre pour inscrire et consolider la dette publique non viagère, est du 24 août 1793. Il se compose de 229 articles, et toutes les dispositions relatives à la liquidation sont faites dans le système que la rente à inscrire sera calculée à raison de 5 %, du capital dû. Les articles 185-194, relatifs aux oppositions, admettent des oppositions au remboursement ou à l'aliénation et des oppositions au paiement annuel des arrérages, et cette faculté accordée de faire des oppositions au remboursement, suppose nécessairement que le législateur n'a pas interdit au Trésor le droit de faire ce remboursement.

Un mois auparavant, le 25 juillet 1793, avait été rendu le décret qui ordonnait le séquestre des biens des émigrés, la vente de ces biens au profit du Trésor public, et le paiement de leurs créanciers sur le produit de ces ventes. L'article 95 du décret sur la formation du Grand-Livre, prononce formellement que les créanciers des émigrés seront admis à faire inscrire leurs créances sur le Grand-Livre. L'article 94 portait que les dettes de la nation envers les émigrés seraient inscrites au crédit de l'union de leurs créanciers et qu'après parfait paiement des créanciers, les intérêts seraient éteints au profit du Trésor. Cet article prononce ainsi une confiscation formelle.

Je n'ai pas l'intention de suivre dans toutes leurs vicissitudes l'exécution de ces lois. Toutefois, il est nécessaire d'observer que l'odieux attaché à celle sur la vente des biens des émigrés, la résistance apportée à son exécution par une grande partie de leurs créanciers, enfin, le malheur des tems, embarrassa d'entraves infinies la liquidation de la dette publique.

Tout-à-coup, au milieu de la dépréciation totale des assignats, des emprunts forcés, des ventes à bas prix des domaines nationaux, du maximum, enfin de toutes les mesures qui sont l'indice d'un détestable gouvernement, la loi sur les contributions du 30 septembre 1797 (9 vendémiaire an VI) ordonne, art. 98-111, le remboursement en bons au porteur des deux tiers de la dette publique perpétuelle et viagère, c'est-à-dire, la banqueroute des deux tiers des dettes de l'État. Ainsi, les hommes qui avaient, à cette époque, la prétention de gouverner la France, s'imaginaient diminuer les charges publiques en fesant un paiement simulé, tandis que le seul moyen d'arriver au résultat qu'ils ambitionnaient, était au contraire, ainsi que nous l'a appris une expérience récente, d'inscrire toute cette dette, d'emprunter à un taux élevé pour en servir les arrérages, de faire naître ainsi la confiance publique qui, en peu d'années, eût relevé le crédit et amené cette libération qu'ils ont publiée et qui n'existe pas. Bien loin que nous soyons libérés par un remboursement illusoire, la banqueroute n'a fait que reconnaître la dette, l'inscription du tiers consolidé n'a fait que constater les créanciers des deux tiers confisqués. Cette dette pèse encore de tout son poids sur le crédit public de France, et est peut-être la seule cause qui empêche les fonds publics de s'élever aussi haut qu'en Angleterre.

On s'étonne que la rente de France soit arrivée au pair : mais puisque depuis quelques années il s'opère en Europe une baisse sensible dans le taux de l'intérêt de l'argent, ce qui doit causer notre surprise, c'est qu'au contraire nos fonds en France ne soient pas plus élevés que ceux d'Angleterre ; car notre dette constituée ne s'élève pas à 4 milliards, et notre population est de plus de 30 millions d'habitans. La dette de l'Angleterre, au contraire, est de plus de 30 milliards et sa population n'est que de 15 millions. Quelle énorme différence à notre avantage ! et comment notre crédit public est-il plus faible lorsque les bases qui le fondent, sont plus larges et les moyens qui l'assurent, plus étendus. Il me semble qu'il est impossible de résister à cette vérité, que notre dette constituée n'est pas égale à notre dette réelle, et que nous ne pouvons trop nous hâter de prendre les moyens d'alléger le fardeau que fait peser sur nous notre dette non liquidée.

Pour cela que faut-il? faire ce qui a été fait en 1814, et qui a été suivi de si beaux résultats.

La loi du 14 décembre 1797 (24 frimaire an VI) prescrivit des dispositions pour la liquidation de la dette, et celle du 28 décembre même année (8 nivôse an VI) ordonna la formation d'un nouveau Grand-Livre de la dette perpétuelle, c'est-à-dire non-viagère, où les créanciers ne furent plus inscrits que pour le tiers de leur inscription. Il n'y eut pas un nouveau Grand-Livre de la dette viagère; mais les créanciers, sur leur liquidation intégrale, furent réduits au tiers de leur inscription. Les créanciers de l'État, ainsi ruinés, reçurent des bons de deux tiers, dont le cours était à-peu-près nul, et la nouvelle dette fut déclarée exempte de toute retenue et non susceptible d'oppositions.

Cependant cette liquidation, tant de fois promise et si lentement exécutée, n'était pas encore terminée lorsque la chute du Directoire amena en l'an VIII le gouvernement Consulaire, et avec lui le retour aux idées de l'ordre et de la stabilité.

Le numéraire reparut. Le 21 mars 1801 (30 ventôse an ix), il fut créé 2,700,000 francs de rentes perpétuelles sur le pied de 3 °/₀ affectées au paiement des dépenses arriérées des années v, vi et vii. Il faut observer en passant que ces rentes, si elles avaient été inscrites comme elles auraient dû l'être sur un livre particulier, n'auraient pas encore atteint le pair ; car il faudrait pour cela que les 5 °/₀ fussent à 166.

Le même jour, un million de rentes au taux de 5 °/₀ fut créé pour l'échange des bons de deux tiers mobilisé, sur le pied de 25 °/₀, témoignage palpable, s'il en était besoin, du peu de valeur de ces bons de deux tiers et de la nullité du remboursement. Bientôt on arrêta l'émission de ces bons de deux tiers. Enfin , une loi du 6 mai 1802 (16 floréal an x) ordonna qu'il n'en serait plus délivré, et que leur valeur serait acquittée en inscriptions , toujours sur le pied de 25 °/₀, et celle du 11 mai 1802 (21 floréal an x) fonda la nouvelle dette perpétuelle sous le titre de 5 °/₀ consolidés. Cette loi, ne tenant aucun compte de 2,700,000 fr. créés à 3 °/₀, consacrait une nouvelle banqueroute. Car le titre de cinq pour cent consolidés était une déclaration que le trésor se réservait le droit de rembourser le capital de cette dette sur le pied de cinq pour cent. Au reste, on peut assurer que personne à cette époque ne fit cette réflexion ; car certes, il eût été chimérique alors de penser à la possibilité du remboursement.

Terminons cet-exposé, déjà trop long, des opérations par lesquelles on est arrivé à l'inscription en 5 % consolidés de 40 millions, représentant la dette antérieure à l'an VIII. Le compte présenté par le ministre des finances en 1814, contient une note précieuse sur cette liquidation. Elle porte par aperçu à 174,716,000 f. le total des rentes intégrales auquel aurait dû monter cette dette sans la banqueroute des 2/3. Au moyen de cette banqueroute, elles auraient dû être réduites à 58,716,000 fr. ; elles l'ont été en effet à 40,216,000 fr., y compris l'échange des bons 2/3 tant par l'admission des inscriptions en paiement de domaines nationaux, que par l'annulation des rentes des main-mortables, des émigrés, et par la sévérité de la liquidation.

Je crois que si nous voulons nous faire une idée du capital qui est dû depuis la mobilisation des 2/3, nous pouvons prendre ce chiffre de 40,000,000 pour point de départ.

La banqueroute a été alors de. 1,600,000,000

La confiscation des rentes des émigrés évaluées par le ministre à 7,500,000 fr. . . , ... 150,000,000

REPORT . . , 1,750,000,000

La confiscation des biens des émigrés a été évaluée par M. le duc de Tarente, lors de la proposition qu'il fit, en 1814, de leur accorder une indemnité 300,000,000

TOTAL . . . 2,050,000,000

Il faut y ajouter les deux tiers de la dette viagère et des pensions ecclésiastiques anciennes. Ces deux articles étaient, en 1815, chacun de 13,000,000.

La dette viagère est portée au budjet de 1824 pour 9,500,000 fr.

On pourrait la compter pour 27,000,000.

Il a été fait en 1817 une division dans le compte des pensions ecclésiastiques. Les unes sont comprises dans le traitement de ceux des ministres de la religion qui sont employés. Par ce moyen, la confiscation des deux tiers est réparée pour ces derniers. Les autres s'élevaient, en 1817, à 7,400,000 fr. On peut les supposer réduites à 6,000,000. Il faudrait donc les compter pour 18,000,000.

Depuis l'an 10, toutes les rentes qui ont été créées, et qui se montent à 157,000,000. l'ont été au taux de 5 %. Les 134,000,000 inscrits depuis 1814, l'ont même été avec mention du capital qu'ils représentaient, et cette mention équivaut à une déclaration que ce capital, si le trésor l'avait, pourrait être remboursé. Il me paraît donc hors de doute que le trésor royal est en droit de procéder, s'il le juge avantageux, au remboursement de tout ou partie de la dette publique, au pair de 100 fr., excepté pourtant pour les 2,700,000 fr. de rentes créées en 1802 à 3 %. Toutefois, il faut dire que ces 2,700,000 f. de rentes ayant été, par le vice de l'administration, confondues avec le reste des cinq pour cent consolidés, il y a maintenant impossibilité de les reconnaître, et qu'il y aurait, dans le remboursement, injustice à l'égard des porteurs de ces rentes.

- Il est une autre classe de porteurs d'inscriptions auxquels il est tout-à-fait impossible de proposer le remboursement. Ce sont ceux qui ont constitué des majorats en rentes. Par cette constitution, ils se sont interdit la libre disposition de leur inscription, et cela pour que le revenu attaché à leur majorat fût toujours le même. Il est donc impossible de diminuer ce revenu. Mais, comme ces rentes immobilisées sont inscrites au trésor sur un livre particulier, il serait toujours facile de les excepter du remboursement.

Ajoutons cependant que jamais cette possibi-

lité du remboursement n'a été présentée aux prê-
teurs lors de la création des rentes; ensorte que
c'est une condition du contrat qui n'a pas été
prévue, et il est bien essentiel d'examiner si
l'accomplissement de cette condition apportera
avantage aux parties contractantes; car toutes les
mesures de l'administration ne doivent avoir pour
but que l'avantage de tous, ou au moins du plus
grand nombre.

D'abord il est bien évident que ce remboursement, qui ne peut avoir lieu que par un nouvel
emprunt à 4 % ou à 3 %, causera un dom-
mage certain à tous les porteurs actuels d'inscriptions, puisque leur revenu sera diminué d'un
ou de deux cinquièmes. Il est bien certain aussi
qu'il arrêtera, au moins momentanément, la hausse
des fonds publics; car nul ne consentira à acheter 110, 115, 120, un effet qui peu de tems après
lui sera remboursé seulement 100 fr. La première
objection est sans réponse. A la seconde, on ré-
pond que cet effet ne sera que momentané, parce
que les nouvelles inscriptions à 4 % ou à
3 % ne seront pas au pair au moment de leur
émission; que, par conséquent, les spéculateurs
abandonneront les anciennes pour se jeter sur
les nouvelles, et feront sur les nouvelles, par la
hausse, les mêmes bénéfices qu'ils auraient faits
sur les anciennes.

Cette réponse est juste, mais elle ne s'applique qu'aux spéculateurs. Le grand nombre des rentiers qui ne voient dans la rente qu'un placement avantageux de leur argent, d'abord à cause de la commodité avec laquelle on en touche les arrérages; ensuite à cause de l'accroissement présumé du capital, se trouveront arrêtés dans le placement de leurs économies, parce qu'ils ne voudront pas acheter des 5 % qui seront trop chers, et ne trouveront pas des 3 % qui, au moins au commencement, seront concentrés dans les mains des capitalistes intéressés à en élever le cours.

Or, ce serait un malheur réel que toute opération qui arrêterait le placement des petits capitaux dans les fonds publics. Depuis que l'on s'occupe de crédit en France, on a senti la nécessité d'encourager ce placement des petits capitaux qui intéresse la majorité de la nation au maintien de ce qui existe et au paiement des contributions, qui éloigne les petits capitalistes d'acheter des fonds de terre et favorise ainsi le rétablissement des grandes propriétés, sur la ruine desquelles la France gémira longtems.

A côté de ces dommages certains, se présente la réduction de la dette et la diminution des charges publiques.

Certes, ces avantages sont grands, et, s'ils sont

réels, ils ne faut pas balancer à les acheter par quelques sacrifices.

Mais qu'entend-on par la réduction de la dette et la diminution des charges publiques? Avant de réduire la dette, il faudrait qu'elle fût totalement liquidée. Pour diminuer les charges publiques, il faudrait d'abord que le fardeau en fût réparti également sur tous.

Nous venons de faire une évaluation approximative de la dette non liquidée qui pèse sur les émigrés, sur les créanciers et les pensionnaires de l'État. On peut la porter à deux milliards en capital et 30 millions en annuités viagères. Croit-on donc que cette dette, pour n'être pas portée au budget, ne pèse pas sur l'État tout entier, et principalement sur trois classes de citoyens, nombreuses, innocentes de leur ruine, dignes d'intérêt par leur patience à souffrir, enfin, chose incroyable, toujours poursuivies par le malheur au milieu de la prospérité générale.

Que, lorsque la France était couverte d'échafauds, lorsque le commerce était anéanti, lorsque les transactions étaient nulles, lorsque les ressources des revenus publics étaient taries, qu'alors, les condamnés, les émigrés, les créanciers de l'État, les pensionnaires se vissent enlever ce qu'ils possédaient, ils partageaient la détresse générale, ils obéissaient aux lois du destin. Dans

un naufrage commun, nul n'a droit de se plaindre;
il faut souffrir. Mais cette détresse a cessé. Elle a
fait place au bonheur et à la richesse. Ce grand
résultat a été obtenu par les efforts de tous les
citoyens, par les sacrifices qu'ils ont consenti à
faire pour sauver l'État, et certes, lorsqu'il a été
question d'efforts ou de sacrifices, ni les émigrés
rentrés, ni les créanciers de l'État, ni ses pensionnaires, n'ont fait entendre un refus, n'ont
élevé une plainte.

N'est-il pas tems que cette résignation, la plus
belle des vertus politiques, soit enfin récom-
pensée ? N'est-il pas tems que, sous le règne du
restaurateur de la monarchie, de grandes injustices soient réparées et que, sur le piédestal de la
statue qui lui sera élevée par la France riche et
puissante, on puisse graver ces mots :

IL RELEVA SON TRÔNE,
FERMA LES PLAIES DE LA FRANCE,
ET FONDA LE BONHEUR PUBLIC.

Si nous reportons nos regards sur l'histoire
des trente dernières années, nous verrons que la
pensée de rendre justice a toujours occupé le
gouvernement, qu'il a commencé à la rendre
cette justice, et qu'il n'a été arrêté que par une
impossibilité réelle ou imaginaire.

Aussitôt après la terreur, les biens non vendus

des condamnés ont été restitués à leurs familles. Les émigrés, lorsqu'ils sont rentrés, ont été remis en possession de leurs biens, et cette mesure a été rendue générale par la loi du 5 décembre 1814. J'avoue que je ne vois pas de différence pour un État, entre restituer le bien que l'on a encore entre les mains et rendre le prix de celui qu'on a vendu. Ces deux actions sont d'une justice égale, et toute deux font sortir de la main de l'État ce qui y était pour le faire passer dans celle d'un citoyen. La question est absolument la même pour les créanciers de l'État et ses pensionnaires. L'État a pris, s'il leur rend, il puisera dans sa caisse pour remplir la leur.

Mais, répondra-ton, ce raisonnement est sans justesse, parce qu'il repose sur des faits qui sont faux. Les biens qui ont été rendus aux familles des condamnés et aux émigrés, existaient en nature ; l'État les possédait. Il s'en est dessaisi pour les remettre aux légitimes propriétaires ; il a fait une action juste, et il a dû la faire, parce qu'il le pouvait ; car en politique, le possible est toujours la limite de la justice ; mais, quant au prix des biens vendus, d'abord, leur prix n'a jamais été égal à leur valeur ; ensuite, depuis long-tems ce prix est dissipé. Les capitaux enlevés aux créanciers de l'État, et les pensions enlevées à ses pensionnaires, ne leur ont été enlevés, la banqueroute n'a été faite que parce que ces sommes n'existaient pas dans le Trésor. Il serait juste qu'il rendît s'il avait; mais il n'a pas. Pour une partie, depuis long-tems il n'a plus; pour l'autre, il n'a jamais eu; il lui est impossible de rendre.

Je crois qu'heureusement pour la France, il est très-aisé de réfuter ce raisonnement spécieux.

On comprend que l'on parle de fonds dissipés et de Trésor vide dans un pays malheureux et pauvre : mais ces mots n'ont point de sens lorsque le pays est riche et florissant. Dans un pays bien administré, le Trésor ne reçoit que ce qu'il doit dépenser; il n'est donc ni plein ni vide. Les fonds à sa disposition sont les fonds mêmes des citoyens, dont une partie lui est donnée pour satisfaire aux dépenses publiques. Il n'y a donc point de fonds dissipés; car ces fonds, s'ils ont été dissipés par une mauvaise administration, se retrouvent chez ceux qui les ont reçus, et c'est au Gouvernement à répartir les charges publiques de manière que le fardeau soit léger.

Il importe fort peu que les biens des condamnés et des émigrés aient été mal vendus, et que le prix en ait été dissipé. Ces biens sont entrés dans la circulation. Leur prix a servi à payer beaucoup de dettes. Il est certain que, dans la main des nouveaux propriétaires, ils ont acquis une valeur bien supérieure à celle qu'ils avaient autrefois. Dès-lors leur vente a augmenté la richesse nationale ; leur valeur existe dans les mains des citoyens, et c'est là qu'est le trésor de l'État.

Il en est absolument de même pour la banqueroute des deux tiers ; cette banqueroute a diminué momentanément les charges publiques. Une plus grande somme est restée entre les mains des citoyens pour le développement de l'agriculture et de l'industrie. Il est incontestable que la richesse s'est accrue au moyen de cette somme ; il est donc facile de la restituer.

Tout cela est tellement exact, que je montrerai bientôt que la restitution totale peut se faire sans aucune augmentation d'impôts. Mais auparavant, il faut achever de démontrer qu'il n'y a aucun avantage au remboursement de la dette publique.

Une des destinations d'une dette constituée est d'offrir aux petits capitaux, aux économies, un placement sûr et facile ; de se répandre par le moyen de la confiance et du crédit jusque dans les dernières classes de la société ; d'associer toute la nation, et, s'il est possible, tous les citoyens à l'administration de la fortune publique, de leur faire sentir que, si on leur demande des contributions, soit sur la terre qu'ils cultivent, soit sur les marchandises qu'ils fabriquent, soit sur les denrées qu'ils consomment, c'est pour leur assurer le repos, la justice, le revenu de leurs capitaux que nulle part ils ne pourraient placer avec autant de sûreté.

Mais, pour arriver à ce beau résultat, il faut que dans un grand État la dette constituée soit élevée, il faut qu'elle soit en rapport avec la population.

Si ces principes sont vrais pour tout État qui a une dette constituée, ils le sont surtout pour la France où la contribution foncière est fort élevée, et où, par conséquent, il est désirable que les propriétaires de biens-fonds aient au moins la moitié de leur fortune placée dans les fonds publics, arrangement qui équivaut pour eux à une diminution de moitié dans la contribution foncière.

Une dette de 50 millions, somme à laquelle la loi de 1810 prétendait borner la nôtre, ne serait qu'un fardeau pour la France. Elle resterait concentrée presque tout entière entre les mains d'un petit nombre de spéculateurs, qui feraient subir à leur gré des chances diverses à ceux qui auraient placé leur fortune dans les fonds publics.

La population de la France est de plus de 30 millions. Si la dette publique se montait à 300

millions, cette somme ne suffirait qu'à un placement de dix francs de rente pour chaque citoyen :
c'est-à-dire, que chaque père de famille représentant quatre personnes ne pourrait être pro-
priétaire que d'une rente de 40 fr. Une dette
publique de 300 millions serait encore trop faible
pour la France. Or, elle n'est que de la moitié :
car elle est portée au budget pour 197 millions ;
mais il faut retrancher de cette somme 36 millions
qui, l'année prochaine, composeront le fonds
racheté par la Caisse d'Amortissement, et qui
sont retirés de la circulation. La portion de la
dette qui se classe entre les particuliers n'est donc
réellement que de 161 millions.

On me comprendrait mal, si des réflexions que
je viens de soumettre au jugement de mes lecteurs,
on allait conclure qu'il faut, à mon avis, augmenter
la dette publique et ne pas diminuer la contribution foncière, le tout pour le plus grand bien du
royaume et de ses habitans. Non ! le soin conti-
nuel du Gouvernement doit être de faire tout ce
qui est juste et utile, et de chercher en même tems
tous les moyens d'alléger les charges qui pèsent
sur le pays. Mais il arrive souvent en France que
l'on recule devant ce qui est juste et utile, à cause
d'un inconvénient qui paraît en résulter. Eh bien !
je voudrais faire passer dans l'esprit de ceux qui
me liront, cette conviction dont je suis pénétré,

que, si quelque circonstance nous obligeait à augmenter notre dette, cette augmentation ne serait point un malheur : que, dans l'état où elle est, sa diminution n'est point un avantage ; que la Caisse d'Amortissement, ayant puissamment contribué à élever le cours de la rente au pair, doit à présent diminuer de beaucoup son action, parce que les effets de ses rachats successifs seraient aussi nuisibles qu'ils ont été jusqu'ici essentiels au maintien du crédit public !

Sans doute, nous pouvons espérer que, d'ici à quelques années, la contribution foncière se trouvera diminuée par une meilleure répartition des impôts, et surtout par l'accroissement du produit des taxes sur les consommations ; mais ce n'est pas la contribution foncière qui devra nous occuper d'abord. La suppression de la loterie, celle du monopole du tabac, celle de la contribution des portes et fenêtres, sont bien plus instantes, puisque de ces impôts l'un tue la morale dans le cœur du pauvre, l'autre ruine l'industrie d'une de nos plus belles provinces, et le troisième arrête les progrès de l'agriculture en empêchant de bâtir. Ainsi nous ne pouvons pas encore penser à la diminution de la contribution foncière, et si cette diminution arrivait au moyen du remboursement d'une partie de la dette, elle ne pourrait produire que de fâcheux effets, parce qu'on laisserait échapper l'occasion de réparer de grandes injustices, pour faire une opération qui n'a point d'utilité, tandis qu'en augmentant la dette et laissant les impôts tels qu'ils sont, on arrive au même résultat par son classement dans les mains des petits propriétaires.

L'exemple de l'Angleterre frappe beaucoup d'esprits. On la voit procéder à la réduction de sa dette par la conversion des 5 % en 4 %, et des 4 % en 3 1/2 % ; mais on ne fait pas réflexion qu'en matière de crédit public, depuis long-tems l'Angleterre n'a plus à compter avec la justice. Toujours, et dans toutes les occasions, elle a fait sacrifices sur sacrifices pour acquitter avec fidélité ses engagemens, faire honneur à ses dépenses, pour satisfaire ses créanciers. Jamais une banque-route n'a pesé sur l'Angleterre ; pour éloigner d'elle jusqu'au soupçon d'une telle action, elle a élevé sa dette au-dessus de toute supposition.

Aussi l'Angleterre recueille actuellement le fruit de sa constance à payer ce qu'elle doit. Elle emploie son crédit à réduire sa dette, parce que cette réduction est devenue d'une nécessité évidente.

D'ailleurs, il y a des différences essentielles entre la dette constituée de l'Angleterre et la nôtre. La dette anglaise se compose en partie d'annuités essentiellement rachetables. Le fonds d'amortissement, étant employé suivant la volonté des commissaires de l'amortissement, opère un rachat facultatif. Chez nous, au contraire, si, comme je crois l'avoir démontré, l'État a le droit de rembourser, il est sûr, d'un autre côté, que jusqu'à présent les porteurs d'inscriptions n'ont pas cru qu'il eût le droit de le faire à sa volonté. D'abord, parce que cela n'a jamais été formellement exprimé, ensuite, parce que la Caisse d'Amortissement, obligée d'acheter tous les jours, est constituée pour opérer un rachat successif et forcé, qui rend le contrat facultatif inutile. Or, puisque l'État n'y trouve pas un avantage évident, il ne doit pas s'engager dans une opération qui tromperait l'idée que les porteurs d'inscriptions se sont faite de leurs titres.

Certes, si, comme je l'espère, la France prend la généreuse résolution de payer les deux milliards de capital et les trente millions en viager, dont le poids l'oppresse et nuit à sa gloire comme à sa richesse, elle devra profiter, pour faire ce paiement, de l'amélioration déjà acquise à son crédit par sa scrupuleuse fidélité depuis huit ans à exécuter ses engagemens.

Les bons du Trésor ne portent plus qu'un intérêt de 3 $\frac{1}{2}$. Tout annonce que l'intérêt des fonds empruntés par l'État baissera encore. S'il n'était pas question de la conversion des 5 % en

4 %, on verrait bientôt la rente s'élever à 125. L'inscription du restant de notre dette non encore liquidée doit avoir pour effet certain d'élever nos fonds au-dessus de ceux d'Angleterre.

Dans cet état de choses, le Trésor royal peut et doit annoncer quel est l'intérêt qu'il regarde comme légitime en créant des rentes à 3 %. La négociation de ces rentes au-dessous du pair ou au pair montrera quelle est la différence entre ses prétentions et la confiance qui lui est accordée. Mais, à mon avis, cette différence sera bientôt à peine sensible, et je suis convaincu qu'une création de soixante millions de rentes à 3 % suffira pour se procurer les 2 milliards nécessaires. Un moyen certain de régulariser l'élévation du cours des rentes serait de donner la préférence dans l'ordre de la liquidation à ceux des créanciers qui accepteraient des 3 % au pair.

D'un autre côté, puisque nous avons prouvé que la Caisse d'Amortissement agit à présent avec des moyens trop puissans, il n'y a aucune difficulté à réduire ces moyens; d'abord, par la suppression de sa dotation de 40 millions, et ensuite par la réduction en 3 % du fonds d'amortissement qui va être de 36 millions. Par cette réduction l'État ne blesse aucun intérêt; il agit sur sa propre chose, et il a l'avantage de faire produire à la Caisse d'Amortissement un des effets pour lesquels elle a été instituée, la réduction de la dette. Je ne crains pas d'être accusé de contradiction, de vouloir augmenter la dette d'un côté, et la diminuer de l'autre. En finances et en comptabilité, la première base de la confiance est que chacun fasse la chose qu'il doit faire. Il ne faut pas que la caisse des recettes paye, ni que celle des dépenses encaisse. La Caisse d'Amortissement doit réduire la dette ; le Grand-Livre, qui est chargé d'acquitter les dettes de l'État, doit s'augmenter tant qu'il y a des dettes à payer ; ces deux institutions accomplissent ainsi leur office, et servent, chacune dans ses limites, à maintenir le crédit public. . . .

En ce moment, les fonds qu'il faut faire pour le paiement de la dette, peuvent se diviser en nombres ronds, ainsi qu'il suit :

Grand-Livre, 5 % 161,000,000

Fonds d'amortissement, 5 % . . 36,000,000

Dotation de la Caisse d'Amortissement 40,000,000
____

237,000,000

Pour l'opération que je propose, on aurait à compter à la place :

Grand-Livre, 5 %................	161,000,000
Grand-Livre, 3 %................	60,000,000
Fonds d'amortissement réduit à 3 %................	21,000,000
	242,000,000

Augmentation dans les charges de la dette perpétuelle................ 5,000,000

Les fonds employés au paiement des charges viagères et temporaires se divisent en

Dette viagère................	9,000,000
Pensions ecclésiastiques anciennes.	6,000,000
Pensions militaires................	48,000,000
Supplément à la Légion-d'Honneur, et donataires dépossédés.	5,000,000
	68,000,000

Je crois qu'il faut compter à la place :

Dette viagère................	27,000,000
Pensions ecclésiastiques anciennes.	18,000,000
Pensions militaires................	48,000,000
Supplément à la Légion-d'Honneur, et donataires dépossédés	5,000,000
	98,000,000

Il y a deux ans, on a fait en Angleterre une opération très-avantageuse. La marine avait à payer cinq millions de pensions qu'une compagnie s'est chargée d'acquitter moyennant que, pendant quarante-cinq ans, elle recevrait deux millions et demi d'annuités. Nous pouvons sans doute faire en France la même opération, et la faire à des conditions plus avantageuses encore ; car la dette viagère et les pensions ecclésiastiques présentent des chances d'extinction plus promptes que les pensions de la marine. Les fonds à faire, sur ce chapitre, se trouveront ainsi réduits à 49,000,000. Économie sur ceux qui se font à présent pour le paiement des mêmes charges. 19,000,000

L'économie totale sur le budget de l'État se trouvera être de. 14,000,000

Ainsi que la présentent les états suivans :

Dépense actuelle.

Grand-Livre, 5 %. 161,000,000
Fonds d'amortissement, 5 %. . . 36,000,000
Dotation de la Caisse d'Amortisse-
ment. 40,000,000
Charges viagères. . . . . , 68,000,000
____
305,000,000

Dépense proposée.

Grand-Livre, 5 %.   161,000,000
Grand-Livre, 3 %.   60,000,000
Fonds d'amortissement, 3 %. . .   21,000,000
Annuités temporaires.   49,000,000
____
291,000,000

Je prévois toutes les objections que l'on pourra élever contre mon plan. On dira qu'en diminuant les moyens de la Caisse d'Amortissement, je vais directement contre mon but, qui doit être l'élévation du cours des rentes. Mais ce n'est pas la Caisse d'Amortissement qui élève le cours des rentes. Elle contribue à le soutenir dans les occasions ; mais c'est véritablement la confiance publique seule qui l'élève. Plus il y a de petits capitaux engagés dans les fonds publics, et plus la rente s'élève. Or, on attirera ces petits capitaux en augmentant la masse des rentes, et en n'inquiétant pas les porteurs d'inscriptions par la crainte d'un remboursement.

La dotation de la Caisse d'Amortissement, réduite à 21,000,000, sera encore du dixième du Grand-Livre. C'est une proportion beaucoup plus forte que celle jugée nécessaire par tous les calculs sur l'amortissement.

On dira encore : Sans doute, il y aura avantage pour un grand nombre de citoyens à retrouver une aisance qui leur a été enlevée; mais si, au lieu de leur rendre cette aisance, on diminuait d'une manière notable la contribution foncière, il y aurait aussi avantage pour un plus grand nombre de citoyens, et l'avantage qui porte sur un plus grand nombre doit être préféré par les hommes d'Etat.

Non; je ne crains pas de répondre non.

L'homme d'Etat doit toujours préférer la justice, lorsqu'elle est non pas seulement facile, mais possible. A la suite de la justice viennent toujours la richesse, la puissance, le bonheur et la gloire. On pourrait concevoir que l'on donnât la préférence à la diminution de la contribution foncière, si en effet la charge de cette contribution était insupportable, mais elle ne l'est pas. Cette contribution est trop forte; je suis le premier à en convenir : cependant enfin elle se paie, elle se paie même facilement. L'avantage d'une diminution serait peu senti; et cet avantage est obtenu d'ailleurs par le placement des petits capitaux dans les fonds publics.

Que serait-ce donc si je réussissais à établir que le véritable avantage résultera pour les cultivateurs de l'augmentation des consommations, produit par une plus grande aisance, dans une

classe de consommateurs, ou d'un emploi de capitaux plus considérable par les propriétaires
devenus plus riches? car les émigrés et les créanciers de l'Etat appartiennent tous à la classe des
propriétaires et à celle des consommateurs. Les
enrichir, c'est faire le bien de l'Etat, parce que
c'est porter dans la circulation de nouvelles
sources de richesses.

Enfin, on accusera mes calculs de manquer
d'exactitude. A cela je n'ai rien à répondre. Je les
crois justes. Mais s'ils sont exagérés, l'Etat ga-
gnera toute la différence. Si, au contraire, ils sont
au-dessous de la vérité, il faut au moins convenir
que les émigrés et les créanciers ruinés auront
reçu une partie notable de ce qui leur est légiti-
mement dû : que si, par cette opération, la richesse de la France s'accroît, comme je l'espère,
dans une proportion considérable, il sera facile
d'acquitter le reste de la dette : que si, au contraire, cette richesse demeure stationnaire, le
sacrifice de ce que l'on aurait encore à prétendre
sera peu sensible, et honorera ceux qui le feront,
autant que le paiement d'une si belle indemnité
aura honoré la nation tout entière.

J'ai essayé de prouver que la réduction subite
de la dette publique présenterait plus de diffi-
cultés que d'avantages; que son augmentation,
au contraire, amènerait par degrés aux mêmes

résultats, et offrirait à la France un facile moyen de réparer les confiscations qui ont signalé d'une manière si funeste les diverses périodes de la révolution. J'ai établi que, si on le peut, sans augmenter les charges publiques, cette opération est la première que la justice commande et que l'intérêt public conseille ; et, cependant, je me suis abstenu, dans ce court ouvrage, de toutes considérations politiques. D'autres voix les feront valoir à la tribune avec éloquence et vérité. Lorsqu'après vingt ans de discorde et dix ans de restauration, les partis ne sont pas encore calmés, il faut bien reconnaître que, sans doute, les intérêts lésés nourrissent de quelque côté le ressentiment et la haine. La noblesse de France qui, dans toutes les occasions, s'est sacrifiée pour son pays et pour son roi, a été dépouillée ; et, au milieu de la richesse générale, elle est demeurée pauvre, monument de nos fureurs aussi absurdes que cruelles. Ah ! le moment est venu qu'un tel spectacle n'afflige plus les yeux de la France généreuse. Sous les auspices des sages rois qui nous ont été donnés de Dieu pour guérir nos maux et apaiser nos dissentions, effaçons les dernières traces de nos malheurs, et redevenons ce que nous n'aurions jamais dû cesser d'être, tous enfans d'un même pays, et sujets du même roi, fier alors de nous commander, parce que nous serons dignes de lui obéir. Après cette grande leçon donnée au monde par la France, après cet exemple unique dans l'histoire de ce que peuvent les sentimens généreux d'une nation dirigée par la sagesse de son souverain, une voix secrète me dit que la gloire de mon pays sera élevée au plus haut point, et le respect universel marquera lui-même la place de la France entre toutes les nations.